AF385342

H. LOMBARD

L'HOTEL DE VILLE

DE PARIS

SA FONDATION, SON HISTOIRE COMPLÈTE

et la

DESCRIPTION DÉTAILLÉE

DU NOUVEAU MONUMENT

INAUGURÉ

Le 14 Juillet 1882

PARIS

IMPRIMERIE ET LIBRAIRIE ADMINISTRATIVES ET DES CHEMINS DE FER

PAUL DUPONT

4, RUE JEAN-JACQUES-ROUSSEAU, 41

1882

H. LOMBARD

L'HOTEL DE VILLE DE PARIS

SA FONDATION

SON HISTOIRE COMPLÈTE

ET

LA DESCRIPTION DÉTAILLÉE DU NOUVEAU MONUMENT

INAUGURÉ

Le 14 Juillet 1882

PARIS

SOCIÉTÉ D'IMPRIMERIE ET LIBRAIRIE ADMINISTRATIVES ET DES CHEMINS DE FER

Paul DUPONT

41, RUE JEAN-JACQUES-ROUSSEAU, 41

—

1882

DÉPOT CHEZ L'AUTEUR, 15, CHAUSSÉE-D'ANTIN

L'HOTEL DE VILLE DE PARIS

CHAPITRE PREMIER.

L'HOTEL DE VILLE DE 1357 A 1533. — LA MAISON DES PILIERS.

Il est difficile de fixer à une époque précise l'existence première d'un Hôtel de ville de Paris. Il est même probable que telle maison a été de tout temps unanimement choisie, par l'opinion publique, pour discuter les intérêts généraux de la cité. Mais un fait acquis, c'est qu'au 12e siècle, les marchands de l'eau, qui possédaient déjà alors une partie du pouvoir municipal, avaient établi le siège de leur juridiction dans une vaste masure, flanquée de tours, située dans le quartier Saint-Jacques et surnommée le Parloir aux Bourgeois. Plus tard, ils se transportèrent dans une maison du même nom, attenante au Châtelet, en même temps qu'ils achetaient sur le pont et le quai de la Mégisserie un hôtel dit : Maison de la marchandise du sel.

Mais c'est à Etienne Marcel que revient l'honneur d'avoir, en 1357, fixé définitivement le pouvoir municipal sur l'emplacement actuel de l'Hôtel de Ville, en achetant à Jean d'Auxerre la maison *des Piliers*, qui avait appartenu d'abord aux dauphins du Viennois sous le nom de *Hostel aux Dauphins*.

La place de Grève, sur laquelle se trouvait la maison aux Piliers, était formée de deux ondulations de terrain, de largeur différente, descendant par une pente assez rapide vers la Seine, formant deux plateaux et pour ainsi dire deux places : la *place de Grève*, proprement dite, et la *place aux Canons*, séparées l'une de l'autre par une forte palissade. Elle était dominée par un petit monticule, situé à l'est, appelé le *Monceau*, sur lequel se trouvait le nouveau Parloir aux Bourgeois, entouré d'un côté par l'église du Saint-Esprit, en arrière par l'église Saint-Jean, alors célèbre par ses miracles, et d'un autre côté, par la maison d'un gentilhomme nommé Dimanche de Chatillon. La maison aux Piliers n'avait, du reste, rien de remarquable, si ce n'est la façade lourde et basse à laquelle elle devait son nom. En transportant à la place de Grève le pouvoir municipal, Etienne Marcel n'avait fait que suivre le courant de l'opinion publique.

La place de Grève, au 14e siècle, concentrait presque toute la vie commerciale, toute l'activité de Paris. Ce mouvement fiévreux tout de nerfs, cette agitation incessante, cette surexcitation endiablée, cet amour de l'actualité, qui ont toujours été l'apanage du peuple parisien, s'y faisait pressentir parfois.

C'est là que se faisait, en grande partie, le commerce de la Seine, et les marchands de l'eau y possédaient un comptoir pour le vin (boîte au vin). La place présentait un aspect des plus pittoresques. Ici, c'étaient les déchargeurs roulant à grand cris les tonneaux de vin et les ballots de toute sorte ; là, les charrons, dont les boutiques bordaient tout le côté ouest de la Grève, frappant sourdement les roues massives chauffées à blanc, et dont les lueurs rougeâtres se projetaient autour de petites portes, à moitié enterrées, comme par des soupiraux de cave. Sur le bord de la Seine, jusqu'au pont Notre-Dame, les tanneurs et les teinturiers étendaient sur de longues perches leurs peaux, ou leurs étoffes bariolées. Plus loin, les ribauds de la Grève, faisant des tours de force, se luttant, criant, chantant, se roulant dans les flaques d'eau qui envahissaient la place à chaque crue de la Seine, au milieu des rires sonores des bons bourgeois. Ailleurs encore les processions, bannières en tête, arrivaient à l'église Saint-Jehan en Grève pour y adorer l'hostie miraculeusement sauvée de la profanation d'un juif.

Le tout Paris bizarre de ce temps s'y rendait, certains jours, pour les grandes pendaisons. En un mot, la place de Grève était le port, la halle centrale de Paris, en attendant qu'elle en devînt le Forum.

La captivité du roi Jean, après la funeste bataille de Poitiers, livra le pouvoir aux bourgeois, qui se trouvaient en majorité dans le Conseil, nommé sur la proposition du dauphin Charles, lieutenant de son père, par les États de 1356.

Ce fut le commencement des beaux jours de la place de Grève. On y discutait ouvertement contre les décisions du dauphin, on se passait de main en main la cocarde rouge et bleue ; pendant quelque temps, les déchargeurs cessèrent de rouler à grands cris les tonneaux de vin et les ballots de toute sorte ; les marteaux des charrons cessèrent de battre les roues massives ; sur le bord de la Seine, les teinturiers n'exposèrent plus leurs étoffes bariolées ; les ribauds devinrent sérieux. Plus de processions à l'hostie de St-Jehan-en-Grève ; plus de grandes pendaisons, on se poignardait, c'était plus commode. Ceci ne dura que quelques mois, mais la place de Grève devint et resta le Forum de Paris.

Lugubre époque : la France envahie par les Anglais, trahie par la noblesse et le clergé, abandonnée par son roi, était à deux doigts de sa perte.

Alors, du sein des Etats Généraux, sortit cet homme que depuis cinq siècles les ennemis de nos libertés ont cherché à flétrir, mais qui restera, en dépit de leurs manœuvres, une des plus remarquables figures de notre histoire. J'ai nommé Etienne Marcel.

Sous l'inspiration de ce grand citoyen, les États Généraux déployèrent, pour sauver la France livrée à toutes les factions, une énergie qui peut être comparée à celle que montra la Convention en 1792. Luttes contre la noblesse, contre le clergé, contre les modérés qui essayaient d'entraver ses efforts, Étienne

Marcel ne négligea rien pour réaliser son œuvre de l'émancipation communale.

Il fortifia Paris, arma l'Hôtel de Ville, où il fit transporter l'artillerie du Louvre, se procura de l'argent, marcha lui-même contre les Anglais, se dévoua corps et âme au salut de la patrie, jusqu'au jour où, dompté par la basse jalousie et la calomnie, qui, malheureusement pour notre pays, abat tour à tour nos meilleurs citoyens, comprenant qu'il ne suffirait pas à mener seul à bonne fin, l'établissement du pouvoir représentatif en France, qu'il avait rêvé, il succomba victime de son patriotisme, assassiné à la porte Saint-Antoine par les partisans de Maillart, son compère, son parent et l'un des représentants du parti modéré de cette époque.

Nous ne pouvons qu'applaudir à la généreuse résolution du Conseil municipal, qui a décidé de placer la statue de cet homme héroïque sur la place de l'Hôtel de Ville.

Mais, en dépit de cette fin prématurée de Marcel, c'est à partir de lui que la maison de ville joua un rôle si important dans les affaires politiques du royaume.

Le peuple et les bourgeois n'oublièrent jamais l'importance subite qu'avait eue pendant deux mois le pouvoir municipal. Ce pouvoir était définitivement fondé, et, depuis ce temps, l'Hôtel de Ville ne fit que prendre de l'importance.

L'année suivante, le prévôt Aubriot s'occupa d'agrandir la Maison des Piliers ; il acheta la maison de Dimanche de Châtillon, fit niveler les cours et, fait important, établit définitivement à l'Hôtel de Ville un dépôt d'armes. Et lorsqu'en 1382, Charles VI voulut créer inopinément de nouveaux impôts, la joyeuse place de Grève redevint subitement champ de bataille : le peuple enleva les armes de l'Hôtel de Ville, et assomma les collecteurs dans la terrible journée *des Maillotins*. Certes, la royauté essaya de prendre sa revanche. Mais, — Charles VI, après la bataille de Rosbecque, rentra à Paris, la lance au poing, — il fit décapiter les principaux chefs de revendication, s'il opposa au prévôt des marchands un prévôt de Paris nommé par lui, il ne tarda pas à être obligé, sous l'impulsion publique, de rétablir, en 1411, la prévôté avec tous ses attributs.

C'était le moment de la lutte des Armagnacs et des Bourguignons. Le sentiment de la puissance qui devait revenir au pouvoir municipal, né avec Etienne Marcel, s'exagéra dans la masse populaire. Les écorcheurs Legoix, Denys de Chaumont, Caboche, devinrent les héros de la place de Grève. On vit de drôles de choses, on ouït de singuliers discours à l'Hôtel de Ville. C'est alors que Denys de Chaumont et Caboche, armes au poing s'écriaient en parlant de la paix offerte par les princes : « Notre avis est qu'il faut rejeter cette paix fourrée », et que Henri de Troyes disait d'autre part : « Il y a des gens qui ont trop de sang et qui ont besoin qu'on leur en tire avec l'épée.» Ils enlevèrent la bannière de l'Hôtel de Ville, firent déposer le prévôt Pierre Gentien et obtinrent la licence de se rendre en armes sur la place de Grève pour marcher contre le prévôt de Paris.

Cependant le parti modéré triompha et parvint à faire exiler les Cabochiens, qui rentrèrent de nouveau avec les Anglais, par la trahison du fils d'un quartinier, Perinet le Clerc.

Pendant tout le temps que les Anglais restèrent à Paris, l'Hôtel de Ville fut sous leur domination absolue. Cet effacement de son histoire dura même pendant tout le règne de Charles VI et de Louis XI. Le rôle de la municipalité parisienne, tendait à se borner aux affaires civiles de la cité.

Les évènements lui rendirent bientôt toute son importance.

La captivité de François Ier lui redonna la première place aux affaires. On ne pouvait compter que sur elle pour le paiement des sommes stipulées dans le traité que la reine allait signer avec Henri VIII. Le corps municipal, il faut le dire, agit courageusement dans cette circonstance : il siégea en permanence à l'Hotel de Ville, mit Paris en état de défense, et s'engagea à aider à payer la rançon du roi.

Mais un seul fait prouvera à quel point le pouvoir des édiles municipaux avait pris de l'importance.

Ils osèrent, pour la première fois, s'intituler, dans le traité précédemment nommé : « représentants du pouvoir politique et communal de la cité. » Personne n'osa leur contester ce titre : on se contenta de le leur faire payer cher.

Cependant, au milieu de tous ces événements, la Maison des Piliers était restée un peu délaissée, on ne lui avait fait subir, que très peu de réparations, et on s'aperçut un beau jour qu'elle menaçait ruine. Du reste, ce bâtiment n'était plus en rapport avec l'importance du gouvernement municipal. Peu à peu les bourgeois, même au milieu des plus grands faits politiques, en avaient conquis tous les privilèges. Ils n'avaient plus seulement, comme sous Philippe Auguste, le trafic exclusif du vin, le droit d'exploiter le commerce de la Basse Seine et de percevoir un droit, sur chaque bateau chargé, qui touchait le Grand Pont de Paris ; mais les poids et mesures, les droits de criage, la construction et la garde des défenses de la ville, le pavage des rues et des quais, la surveillance des fontaines publiques, l'arbitrage des loyers et des propriétés foncières, les différends commerciaux et le droit de contrôle sur toutes les denrées, et sur leurs entrepositeurs ; la fixation de la taille, les octrois, la police des rues et enfin l'édilité tout entière, leur avaient été successivement confiés. Les services, par suite, s'étaient multipliés, et la Maison des Piliers ne pouvait suffire à les loger.

Et, du reste, le monument n'était plus digne du pouvoir qu'il représentait : ce fut une des principales causes de sa reconstruction.

La bourgeoisie voulait avoir son palais, en face de celui de l'aristocratie. Comme François Ier avait souvent besoin d'argent, la construction de l'Hôtel de Ville fut décidée, et commença en 1530.

CHAPITRE II.

CONSTRUCTION ET DESCRIPTION DE L'ANCIEN HÔTEL DE VILLE.

Il fallut d'abord racheter les construtions entourant la Maison des Piliers, sur l'emplacement desquelles on devait bâtir l'Hôtel de Ville. On parvint à en acheter onze; mais, en dépit des démarches, il fut décidé que l'église du Saint-Esprit et l'église de Saint-Jean, située l'une au nord et l'autre à l'est de la Maison des Piliers, resteraient debout.

L'emplacement sur lequel on devait bâtir était donc circonscrit, au nord, par la chapelle du Saint-Esprit, au sud, par le quai, alors rue du Martroi, à l'ouest, par la place de Grève et à l'est, par l'église Saint-Jean.

L'architecte Domino Boccador fut chargé de la direction des travaux, et la première pierre posée le 15 juillet 1533.

Les travaux, entravés par les événements politiques, ne furent terminés qu'en 1541. A cette époque, l'Hôtel de Ville se composait de trois parties. Une façade comprenant un rez-de-chaussée et un premier étage, celui-ci percé de six fenêtres séparées par des colonnes simples, et ouverte par une porte principale, venait se joindre à un pavillon à deux étages habilement monté sur une arcade jetée au-dessus de la rue du Martroi, et dont le premier étage était décoré de niches placées sur des consoles, et le second de piliers d'ordre composite.

Le bâtiment, parallèle à la façade, se composait, en dehors, de trois étages et de deux étages en dedans, la cour étant élevée de trois mètres au-dessus du niveau de la place. On pénétrait dans l'édifice par la porte principale de la façade. Celle-ci menait par un escalier droit à la cour, qui allait s'élargissant de la façade aux bâtiments de la ruelle Saint-Jean. Un escalier, situé dans le pavillon Saint-Jean, conduisait aux étages supérieurs, par deux coudes à angles droits.

Les travaux furent arrêtés en 1541, et restèrent suspendus, pour ainsi dire, pendant tout le reste du siècle.

Les guerres de religion captivaient alors les esprits. Bourgeois pacifiques, ridiculement armés de vieilles hallebardes, moines rougeauds, la robe crasseuse et effilochée, traînant des cuirasses bosselées et des vieille rapières en beuglant contre les hérétiques, envahirent la place de Grève. Catherine de Médicis et plus tard la Sainte Ligue firent tous leurs efforts pour entraîner le Corps de Ville. Y réussirent-ils ? Cela n'est pas prouvé; mais ce qu'il y a de certain, c'est que les bourgeois laissèrent s'accomplir et aidèrent de leurs deniers le massacre de la Saint Barthélemy, et que la place de Grève vit couler plus d'une fois le sang des Français. Ce qu'il y a de certain aussi, c'est que plus tard, le Corps de Ville refusa de l'argent à Henri III, qu'il contribua dans une large part à chasser le roi de Paris, et que ce furent les quartiniers qui amenèrent la fameuse journée des *Barricades*.

L'Hôtel de Ville eut, pendant tout ce temps et surtout de 1588 à 1594, une immense influence. Il serait très curieux de suivre les intrigues menées par les politiques pour gagner le Corps municipal à Henri IV, et l'on racontait plus d'une entrevue bizarre de certaine grande dame avec les bons bourgeois de Paris.

En tout cas, Henri IV fut reçu à bras ouverts par le Corps de Ville, auquel il confirma tous ses privilèges.

Les travaux de l'Hôtel de Ville, suspendus depuis 1541, furent repris et adjugés en 1605 à Marin de la Vallée.

On éleva la façade d'un étage, on changea les colonnes simples du premier pour d'autres, semblables à celles du pavillon de la rue du Martroi. Le second étage s'ouvrit sur la place par sept fenêtres, et les combles, percés de deux lucarnes, portèrent un attique, un fronton avec une horloge. le tout dominé par un campanile à jour.

On éleva au-dessus de la chapelle du Saint-Esprit un pavillon semblable à celui de l'arcade Saint-Jean. et qui fut exécuté par Marin de la Vallée. Enfin, le même perpétuel Marin de la Vallée obtint en 1618 l'adjudication des derniers travaux à exécuter, c'est-à-dire le corps de bâtiment donnant sur la cour à gauche, derrière l'église du Saint-Esprit.

Ces travaux ne furent complètement terminés qu'en 1628. La plus belle partie de l'édifice était la cour. Une galerie, avec des arcades ouvertes, régnait au rez-de-chaussée et laissait apercevoir un plafond dont la sculpture variait à chaque arcade. La même disposition existait au premier étage, mais les arcades étaient fermées sur la cour par des fenêtres. Enfin les lucarnes du second étage étaient couvertes de sculptures d'un travail très remarquable.

On plaça en même temps. au-dessus de la porte principale, la statue équestre de Henri IV, sculptée sur un fond de marbre noir, par un artiste de grand talent : Pierre Biard.

C'est dans ce monument. tel que je viens de le décrire, que se passèrent les principaux fait du 17e et du 18e siècle. La Fronde et ses seigneurs empanachés. la grande Révolution et ses va-nupieds généreux s'y rendirent à deux siècles de distance, les uns pour accaparer le pouvoir. les autres pour le donner à la Nation.

CHAPITRE III

L'HÔTEL DE VILLE DE 1628 A 1871. — SON ACHÈVEMENT.
SA DESTRUCTION.

L'Hôtel de Ville était à peine terminé depuis quelques années qu'il devint le théâtre d'un des événements les plus tragiques du siècle. Jusque-là, on l'a vu, les bourgeois, du moins les modérés, avaient fini, la plupart du temps, par se rallier à la royauté, en échange de quelques privilèges. Tout récemment encore, ils avaient prêté secours à Louis XIII pour prendre La Rochelle. Cependant ils s'unirent au Parlement, pour combattre la régente, après l'arrestation de Broussel. Mais lorsqu'ils virent la tournure que prenaient les choses, lorsqu'ils comprirent ce que voulaient ces messieurs de la Fronde, ils montrèrent des velléités de retraite suivant en cela l'exemple du Parlement. Cette résolution exécutée eût perdu leur cause; aussi les Frondeurs mirent tout en œuvre pour effrayer le Corps de Ville, et essayer de réparer les pertes qu'ils venaient de faire dans le combat que les troupes royales leur avaient livré le 26 juin 1652 à la Bastille.

Le 4 juillet, une grande réunion eut lieu à l'Hôtel de Ville, où se rendirent le duc d'Orléans et le duc de Beaufort, qui essayèrent d'obtenir satisfaction. Les bourgeois furent inflexibles, et les princes se retirèrent en manifestant hautement leur mécontentement, au milieu de la foule, qui se tenait sur la place, disant que toute l'assemblée n'était composée que de Mazarins.

Aussitôt des coups de mousquet furent dirigés sur la grande salle, et l'on mit le feu aux portes du pavillon du Saint-Esprit et du pavillon Saint-Jean. La porte principale résista un peu, mais elle céda bientôt à moitié, consumée par l'incendie, qui fit éclater la statue de Henri IV. Aussitôt la populace se rua au pillage, brisant et tuant à tort à travers. Le greffier, l'échevin Yon, le colonel Miron, le curé de Saint-Jean et plusieurs centaines de notables habitants de la ville, furent victimes de cet odieux attentat, qu'on a surnommé le *Massacre de l'Hôtel de Ville*. La plupart des tapisseries, des tableaux et autres objets d'art, disparurent dans cette échauffourée. Le prévôt des marchands, Lefèvre, donna sa démission et fut remplacé par Broussel.

Mais la bourgeoisie, après ce jour, devint la mortelle ennemie des Frondeurs, qui furent obligés, finalement, de traiter avec le roi, faute d'argent et de troupes.

A partir de cette époque, et jusqu'à la Révolution, l'histoire de l'Hôtel de Ville, s'éclipse devant le soleil du grand roi. Au milieu des intrigues de Mazarin, sous la main de fer de Richelieu, la bourgeoisie baissa la tête. L'Hôtel de Ville ne servit plus qu'à donner des fêtes, ou à recevoir des inscriptions célébrant les hauts faits de la royauté.

Ainsi, on plaça dans la cour une statue en marbre blanc, représentant Louis XIV un spectre à la main, foulant aux pieds la Discorde.

Cette statue fut remplacée en 1689 par une autre du célèbre sculpteur Coysevox, montrant Louis XIV en costume de triomphateur et appuyé sur un faisceau d'armes.

Elle portait, entre autres, l'inscription suivante : «A la gloire de « Louis le Grand toujours vainqueur, toujours pacifique, protec-« teur de l'Eglise et des rois — les prévôts des marchands et « échevins ont élevé ce monument éternel de leur fidélité, de leur « respect, de leur zèle et de leur reconnaissance. L'an de grâce « M.DCL.XXXIX.

La reddition de Marsal, la victoire sur les corsaires de Tunis, la guerre des Flandres, la conquête de la Franche-Comté, la prise de Maestrick, de Valenciennes, de Cambrai, etc., furent ainsi successivement rappelées par des inscriptions commémoratives placées à l'Hôtel de Ville. Louis XIV en fit poser une si grande quantité pour son compte qu'il ne resta plus de place pour ses successeurs.

Cependant, en 1734, un buste de Louis XV, ciselé par Coustou, fut érigé dans le bureau municipal ; enfin, sous Louis XVI, on mit dans la grande salle, un tableau représentant l'entrée de ce prince, à Paris. Le buste du général La Fayette y fut également placé en 1786.

Mais ces inscriptions et ces statues ne jouirent pas longtemps des honneurs de l'Hôtel de Ville.

La grande revendication populaire de 1789 arriva enfin : la bourgeoisie, tenue en laisse pendant un siècle et demi brisa avec rage tout ce qui lui rappelait un régime abhorré, comme elle en brisait les lois.

L'Hôtel de Ville fut transformé de fond en comble, pour devenir le siège de cette fameuse Commune de Paris, dont tous connaissent les actes. On enleva la statue d'Henri IV, et on la remplaça par les vers suivants :

> Obéissez au peuple, écoutez ses décrets :
> Il fut des citoyens avant qu'il fût des maîtres.
> Nous rentrons dans les droits qu'ont perdu nos ancêtres.
> Le peuple, par les rois fut longtemps abusé.
> Il s'est lassé du sceptre, et le sceptre est brisé.

Les statues et les inscriptions furent retirées et les murs restèrent nus.

Je n'essayerai pas, du reste, de faire une peinture de l'aspect que présentait l'Hôtel de Ville pendant la Révolution et des faits qui s'y sont passés. Cette partie de l'histoire est assez connue sans qu'il soit utile de la rappeler. Je ne citerai que la phrase de Mercier pour caractériser le changement que subit à cette époque la place de Grève : « Ce port, où le citadin voyait jadis avec joie aborder les dons de Cérès et toutes les denrées nécessaires à la vie d'un grand peuple, est maintenant changé en un vaste cabaret, où les hommes qu'un travail constant aidait à supporter la vie, consument aujourd'hui leur temps à boire, et, pleins de vin, se roulent sur le sein de leur vile maîtresse. » Abominable calomnie, à l'adresse de ces héros qui, pendant cinq ans, tinrent l'Europe en suspens, en offrant généreusement leur sang pour la France.

Je passerai aussi brièvement sur les événements de l'Empire et de la Restauration, pour arriver enfin à l'achèvement de l'Hôtel de Ville, tel qu'il resta jusqu'en 1871.

De tout temps l'Hôtel de Ville avait été insuffisant à contenir tous les services administratifs ; les contributions indirectes, les octrois, la bibliothèque etc., étaient établis en dehors. C'est en 1836 que l'on songea à l'agrandir, et les travaux qui commencèrent l'année suivante furent confiés à MM. Godde et Lesueur.

Conservant toute la vieille façade, on éleva de chaque côté deux ailes reproduisant la même architecture. Ces ailes se joignaient avec de nouveaux pavillons d'angle, de système différent, ayant trois étages, percés d'une large fenêtre et ornes de colonnes à demi engagées. Entre les colonnes et les fenêtres, des niches à frontons. Les pavillons d'angle se continuaient chacun avec une façade présentant deux étages. Du côté de la rue de la Tisseranderie, les treize travées d'arcades étaient séparées par des colonnes engagées, et du côté de la rue Lobau, par des colonnes dégagées entièrement. Ces nouvelles constructions formaient donc trois cours en trapèze, dont la disposition ne manquait pas d'élégance.

C'est ce nouveau palais, ainsi transformé et embelli, qui vit passer les fêtes célèbres de M. de Rambuteau, le préfet de celui qu'on a appelé le Roi des maçons : Louis-Philippe.

C'est là aussi qu'en 1848, le peuple nomma les membres du Gouvernement provisoire issus de la Révolution. C'est là que, pendant des mois entiers, l'on vit des corporations ouvrières venir, bannières deployées, faire adhésion à la République.

Comment périt le vieil Hôtel de Ville, notre génération ne le sait que trop. Il est préférable de ne pas rappeler ni juger ce point douloureux de notre histoire.

Grâce au dévouement et à l'énergie du Conseil municipal élu de Paris, un nouveau monument se dresse, splendide et fier, sur l'antique place de Grève. Admirons et oublions tout.

CHAPITRE IV.

LE NOUVEL HÔTEL DE VILLE.

Lorsque, débouchant du quai ou de la rue de Rivoli, on aperçoit tout à coup l'Hôtel de Ville, avec sa façade Renaissance, avec ses moulures si légères, avec son campanile à triple étage, ses vieux gens d'armes, qui semblent veiller sur la ville, son splendide fronton, son peuple de statues, d'enfants de Paris, que l'on reconnaît avec plaisir, on éprouve un sentiment de joie et d'orgueil. C'est cette impression que tout homme ressent en voyant quelque nouveau décor ou quelque nouvelle construction, orner ou même changer sa ville, son hameau. Ce sentiment, je l'ai surpris dans cette foule du vieux quartier Saint-Antoine, ouvriers sortant de l'atelier, vieillards blanchis au milieu des révolutions, sur le pavé de Paris, qui viennent, chaque jour, en plein soleil, contempler le nouveau monument, assister le visage en feu à l'enlèvement des échafauds, en applaudissant à pleines mains.

Eh bien! moi qui ne suis pas Parisien, mais qui aime Paris comme on aime les belles choses, je crois répondre à ce désir de tout voir, de tout connaître, en servant de guide intelligent (j'essayerai de l'être si ce n'est pas trop difficile) aux visiteurs. Que tout Parisien qui veut connaître l'Hôtel de Ville me suive. **Nous voilà partis!**

Certes, ce n'est pas facile de décrire d'ores et déjà le nouveau palais.

Ce géant sort à peine de ses langes, il est encore tout sali de l'enfantement de la pierre, on ne peut le voir qu'à travers les baies de ses échafaudages, à travers le voile de poussière qui s'en échappe à chaque minute, sous la rape criarde des ravaleurs, en brillant au soleil comme des milliers de diamants. Mais, on n'en éprouve que plus de plaisir à l'étudier dans toute la rudesse d'une première exécution, et à deviner ce qu'il sera sous l'éclat des lustres et des tentures.

C'est en 1873 que la reconstruction de l'Hôtel de Ville a été décidée par le Conseil municipal, et les travaux ont été confiés à cette époque à M. Vernaud, entrepreneur, sous la direction de MM. Ballue et de Perthes, architectes. Les travaux ont été, en 1878, donnés par substitution à M. Riffaud, qui en est resté l'entrepreneur jusqu'à ce jour.

Lorsque les travaux de l'Hôtel de Ville furent adjugés, une sorte de plan moral fut imposé aux entrepreneurs. On ne pouvait évidemment songer à l'unité complète d'un style moderne, comme le disait fort bien M. Perrin dans son rapport au Conseil municipal : « Autant cette unité est la logique d'un édifice né d'une seule pensée, conçu d'un seul jet, autant la diversité et la juxtaposition des syles sont admissibles dans un monument dont l'histoire est l'histoire de la Cité et sur le front duquel on doit lire en dates vivantes les phases successives de notre existence municipale, ses transformations, ses luttes, ses splendeurs, ses désastres..... sa renaissance. »

Il s'agissait de laisser deviner l'Hôtel de Ville de François Ier au milieu des nouvelles constructions.

Aussi, la première chose qui frappe, lorsqu'on regarde l'Hôtel de Ville, c'est sa façade, ou plutôt la partie centrale de cette façade.

Cette partie est elle-même composée de plusieurs autres qui

ne se devinent qu'au toit et aux fenêtres. Elle est élevée de deux étages, porte à chaque extrémité deux pavillons formant même plan de face avec elle, mais plus élevés et ayant chacun à son angle extérieur, une échanguette à demi saillante. Son toit, très élevé, est couronné sur la crête par des chevaliers du seizième siècle, situés trois par trois, de chaque côté d'un campanile à jour, et portés sur des piles en fonte. Sur l'arête inférieure, bordée d'une balustrade en pierre découpée à jour, vient s'appuyer un fronton qui, à lui seul, est un chef-d'œuvre et mériterait une longue description.

A la partie supérieure, deux femmes à demi couchées, ciselées par le célèbre Gauthier, encadrent les Armes de la Ville. C'est la Prudence et la Vigilance veillant sur les destinées de Paris. Ce premier motif surmonte un cadre dans lequel une statue de femme assise, sculptée par Gautherin, figure la Ville de Paris; elle vient s'appuyer à la partie inférieure, soutenue par deux groupes représentant le Travail et la Science, le Livre et l'Outil. Cette composition de Hiolle est vraiment remarquable par la vigueur, par la perfection des détails, en même temps que par la sobriété avec laquelle elle nous présente les différentes transformations que subit l'homme, le montrant tout petit enfant, pouvant à peine tenir un livre ou une plume, et, soldat, les armes à la main, prêt à défendre la patrie.

A droite et à gauche partent deux frontons bas et semi-circulaires, sur lesquels deux statues couchées, la Seine et la Marne, la première figurée par un homme, la seconde par une femme, représentent la fécondité et la richesse de Paris.

La façade de Boccador contient le grand vestibule dit salle des Pas Perdus, à l'entresol, et la salle du Conseil au premier étage. Elle s'ouvre au deuxième étage sur la place de l'Hôtel-de-Ville, par treize fenêtres, dont sept dans la partie centrale correspondant à la salle du Conseil et trois dans chaque pavillon.

Le premier étage prend jour sur la place par six fenêtres placées trois par trois de chaque côté de la porte centrale, tandis que dans chaque pavillon est percée une vaste ouverture dite guichet, conduisant dans les deux cours situées à l'extrémité de l'édifice.

Entre chaque fenêtre du second étage règne un espace dans lequel est creusée une niche portée sur une console ornée de riches moulures.

Chaque fenêtre du premier étage est séparée de sa voisine par une colonne complètement dégagée et montant jusqu'au deuxième étage. Enfin, chaque guichet est de côté et d'autre encadré de deux colonnes formant également des niches. Toutes ces niches qui ornent les différents étages portent la statue d'hommes s'étant distingués soit dans la construction de l'ancien Hôtel de Ville, soit dans la défense du pouvoir municipal ou de la ville, et enfin des enfants de Paris les plus célèbres.

Au second étage, en commençant du côté le plus près de la rue de Rivoli, c'est Mansard, l'architecte de la place Vendôme et des Invalides, De Thou, l'historien célèbre, pour le pavillon de droite ; le juriconsulte Pasquier et le dessinateur Le Nostre pour le pavillon de gauche. Le sculpteur Goujon, Bullant, architecte des Tuileries, à côté l'un de l'autre dans deux niches contiguës ; Pierre de Montreuil, architecte de la Sainte-Chapelle ; Dumoulin et Molé, l'un jurisconsulte, l'autre premier président du Parlement ; Henri Estienne, imprimeur et érudit ; Boyleau et Pierre Viole, dont le dernier a posé la première pierre de l'Hôtel de Ville ; François Miron, Michel de Lallier, Guillaume Budé, fondateur du Collège de France, tous prévôts des marchands ; Archille Du Harlay, premier président du Parlement de Paris ; le chroniqueur Pierre de l'Estoile ; Domino Boccador, dont quelques malins remarquent la ressemblance avec M. Ballue, premier architecte de l'Hôtel de Ville ; Pierre Lescot, architecte du Louvre, et Germain Pilon, le grand sculpteur, peuplent le premier étage.

Lavoisier et Voltaire, Molière et Turgot ont trouvé place de chaque côté, au rez-de-chaussée de cette partie centrale qui personnifie si bien l'époque, le style architectural de François Ier. La façade de Boccador est en saillie sur la place de l'Hôtel-de-Ville. Elle est flanquée à droite et à gauche d'une partie en reculement, avec laquelle elle fait un angle rentrant et qui va elle-même se joindre, par un second angle rentrant, aux façades de la rue de Rivoli et du quai, façades dont l'extrémité fait sur la place une saillie parallèle et égale à celle de la façade de Boccador. Comme je l'ai déjà dit, poussé par le désir de faire mieux ressortir la partie qui correspond et imite l'ancien Hôtel de Ville de François Ier, l'architecte a changé dans les parties rentrantes le style qui règne dans la partie centrale.

Les colonnes dégagées sont remplacées au premier étage par des colonnes à demi engagées, d'un effet moins grand et plus sobre. Du reste, ce style se continue dans les deux bâtiments qui bordent le quai et la rue de Rivoli. Les deux parties rentrantes ne portent pas de niches; elles sont ornées seulement, sur l'arête inférieure du toit, de statues debout, représentant les différentes villes de France. Ce sont, en commençant du côté de la rue de Rivoli : Amiens, Rouen, Le Havre, Caen, Le Mans, Rennes, Brest et Nantes. Dans l'arrière-corps de droite : Orléans, Bourges, Tours, Poitiers, Limoges, Bordeaux, Toulouse et Montpellier.

Quant aux deux pavillons en saillie qui terminent les arrière-corps, ils s'ouvrent sur la place, à chaque étage, par une grande fenêtre, encadrée de chaque côté d'une niche portant une statue. Chaque étage de l'angle rentrant est également orné d'une statue. Dans le pavillon du Nord, du côté de la rue de Rivoli, ces statues représentent, au second étage : le cardinal de Richelieu et le peintre Eustache, dans l'angle rentrant, l'historien Henri Sauval. Au premier étage, D'Alembert, philosophe et savant et le pamphlétaire Paul-Louis Courier ; en retour, le médecin Fagon. Au rez-de-chaussée, Bailly, Ledru-Rollin et Pigalle. Dans le pavillon du Sud : au second étage en retour, le pédagogue Charles Rollin; sur la face le maréchal de Catinat et le maréchal comte de Tourville.

La partie de l'Hôtel de Ville qui borde le quai ressemble sensiblement, comme architecture, aux parties rentrantes de la façade principale. Comme elles, elle ne porte, dans son arrière-corps, aucune niche; les extrémités en saillie possèdent seules des niches et des statues. Enfin, les fenêtres sont également séparées par des colonnes à demi engagées. Des groupes et des figures allégoriques ornent le rebord supérieur.

Ces allégories représentent, si l'on part de la place de l'Hôtel-de-Ville : la Science et l'Histoire ; la Poésie et la Musique ; Tragédie et Comédie; Architecture et Sculpture; Peinture et Gravure; Agriculture et Industrie.

Quant aux statues qui ornent les pavillons saillants, ce sont, dans le pavillon le plus près de la place de l'Hôtel de Ville : au second étage : Perrault, l'auteur des Contes, le peintre Boucher; dans le retour, Lebrun. Au premier étage : Béranger le chansonnier; Beaumarchais et le ministre marquis d'Argenson. Du côté de la rue Lobau, au second étage : Freret, Marivaux, auteur dramatique et le duc de Larochefoucauld, auteur des *Maximes;* au premier étage : Lenoir, le peintre Delacroix et le poète Alfred de Musset; au rez-de-chaussée : Mme Lebrun, peintre ; Mme de Staël et Mme Geoffrin.

La façade qui donne sur la rue Lobau présente la même disposition que la façade principale, c'est-à-dire, une partie centrale et deux pavillons saillants et deux parties en arrière-corps. Mais le style est complètement différent de toutes les autres parties. C'est le côté qui se rapproche le plus de l'art moderne, c'est une architecture Renaissance combinée avec l'architecture, le mode simple de nos jours. Les colonnes disparaissent et sont remplacées par des bandes plates. La partie supérieure des arrière-corps porte des allégories, et la façade en saillie, des statues représentant différentes villes.

Celles qui décorent le pavillon du côté du quai sont, au second étage : celles de Gabriel, architecte, du théologien Arnaud; le poète Boileau et le duc de Saint-Simon occupent le premier étage : le peintre Gros et le tragédien Talma le rez-de-chaussée. Les Beaux-Arts, les Sciences et les Lettres servent de fronton à la partie rentrante qui touche au pavillon déjà décrit. Dans l'angle rentrant qui unit cette partie à la face centrale, se trouvent en haut : l'astronome Cassini, auteur de la carte de France : au second étage, Scribe, auteur dramatique : le sculpteur Barye au rez-de-chaussée.

Le tragédien Lekain et l'auteur comique Picard au second étage ; Rousseau, le musicien Haboy, au premier : Jacquemart et Regnault au rez-de-chaussée, décorent les niches qui occupent le pavillon gauche de la partie centrale : dans la partie correspondante à droite, au second étage : le peintre Chardin et l'auteur dramatique Regnard ; au premier étage : Burnouf et Daubigny : Decamps et Villemain le critique littéraire, encadrent les statues de villes qui se dressent dans l'avant-corps et qui sont, à partir de la gauche : Nice, Marseille, Nîmes, Grenoble, Chambéry, St-Etienne, Clermont, Lyon, Besançon, Dijon, Troyes, Nancy, Reims et Lille.

La seconde portion de cette face de la rue Lobau est exactement semblable à la première. Le Génie civil, l'Industrie et l'Agriculture, représentés par des allégories, décorent la partie rentrante, et le pavillon porte au second étage dans l'angle rentrant : Malebranche, Sedaine et Cochin. Quant à la partie qui est le plus près de la rue de Rivoli, il possède au second étage : le mathématicien Clairaut, le navigateur Bougainville ; au premier,

Laucrêt et Quinault et au rez-de-chaussée, Camus l'avocat et le géomètre Biot.

La partie des bâtiments qui donne sur la rue de Rivoli est masquée jusqu'au second étage par une salle, couverte en verre, dite salle des Emprunts ; en partie, les deux pavillons qui sont à ses extrémités ressemblent seuls au reste de l'édifice et portent des statues.

Du côté de la rue Lobau, au second étage : Boule et Ballin, orfèvre et fabricant de meubles ; au premier, Foucault et Péronnet ; au rez-de-chaussée, l'imprimeur Firmin Didot et l'avocat Berryer ; dans l'angle rentrant, le peintre Delaroche et Bachelier, le fondateur des écoles de dessin, au second, l'orateur Hérault de Séchelles, au premier, occupent cette partie. Dans le pavillon de droite : angle rentrant, le fondateur des orphéons Wilhem et le peintre Corot, au second étage ; au premier, Tronchet, rédacteur du Code civil ; face, Silvestre de Sacy, orientaliste, le géographe Dauville au second étage ; Horace Vernet et Eugène Sue, au premier ; le publiciste Cavaignac et l'architecte écrivain Violet-le-Duc au rez-de-chaussée, terminent cette longue nomenclature de statues, tout ce peuple de héros dont s'honorent et la France et Paris. Cette promenade circulaire nous ramène à la place de l'Hôtel de Ville et nous permet d'arriver à l'intérieur par la façade de Boccador.

On peut pénétrer dans l'Hôtel de Ville par trois portes, par les deux guichets situés de chaque côté de la porte principale et enfin par celle-ci.

Les deux guichets conduisent de chaque côté, celui de droite dans la cour du Préfet, celui de gauche dans la cour des Bureaux. Ils communiquent, à travers leur cour respective, avec deux guichets semblables donnant sortie sur la rue Lobau, et peuvent ainsi conduire à la salle Saint-Jean, qui se trouve au rez-de-chaussée de la place Lobau et qui tient tout l'espace compris entre ces deux guichets. Mais nous préférons, pour la description, pénétrer par la porte principale.

On arrive à cette porte au moyen d'un perron polygonal, dominé à sa partie inférieure par deux lions portés sur des socles massifs, auxquels vient se joindre, de chaque côté, une balustrade à jour, coupée de distance en distance par des piles destinées à recevoir des statues. La porte franchie, on entre immédiatement dans un grand vestibule, de trente et un mètres de longueur sur quatorze mètres de large, appelé salle des Pas Perdus. Ce vestibule, dont le plafond est formé de voûtes d'arêtes reposant sur des colonnes en pierre de Corgoloin, sert de salle d'entrée et de salle d'attente pour le palais tout entier. Il communique à ses deux extrémités avec les guichets dont j'ai déjà parlé, et conduit, par trois escaliers droits, à une galerie qui fait le tour de la cour centrale, dite cour Louis XIV, parce qu'elle contenait la statue équestre de ce roi par Coysevoz. Si l'on suit cette galerie, dans la partie qui est attenante aux bâtiments du quai, on arrive à une grande pièce, sorte de vaste salle d'attente, à droite et à gauche de laquelle deux escaliers simples mènent au vestibule des grands escaliers des Fêtes.

Ce vestibule a un double emploi : il sert également de salle d'attente à la salle des Fêtes et à la salle Saint-Jean. On peut pénétrer dans cette dernière par cinq escaliers. Trois escaliers de face, parallèles et longs de quelques marches, conduisent directement dans la salle ; et deux autres latéraux, amènent dans la galerie qui en fait le tour.

La salle Saint-Jean est une des plus connues parmi celles qui composent l'Hôtel de Ville. Dans l'ancien palais, cette salle existait également sous le même nom, mais elle n'avait pas fait partie des premières constructions. C'est en 1823 qu'elle fut élevée, en même temps que la salle des Fêtes, appelée alors salle d'Angoulême, sur l'emplacement de l'église et des chapelles Saint-Jean, démolies pendant la Révolution. Cette pièce, destinée à des concerts, à des réunions de sociétés, mesure 17 mètres de long sur 17 mètres de large.

Elle est entourée d'un rang de colonnes et pilastres, en pierre de Hauteville, et surmontée d'une voûte en berceau, avec des pénétrations richement décorées de moulures.

Le sommet du berceau est divisé par des moulures régulières en petits carreaux, portant une rosace au centre. Aux extrémités, deux portes flanquées de cariatides, et surmontées de très riches frontons en triangle, conduisent aux deux guichets qui donnent sortie sur la rue Lobau et qui permettent de pénétrer dans les deux cours extrêmes. Quant à la galerie qui en fait le tour, elle est fermée par une série de petites voûtes d'arêtes, ayant à leurs clefs des rosaces d'une très grande simplicité.

Sortant de la salle Saint-Jean, on peut se rendre par les deux portes latérales dans les guichets, ou bien, rentrant dans le vestibule, prendre les grands escaliers et monter à la salle des Fêtes. Ces deux escaliers, de l'aspect le plus grandiose, sont entourés, au premier étage, à leur aboutissement, par des galeries qui débouchent, par leur partie en retour, dans un salon situé entre les deux paliers d'arrivée et nommé salon des Cariatides, et font le tour de la salle des Fêtes. Ces galeries sont fermées par des voûtes en pierre, à arêtes et pénétrations, supportées en partie par des colonnes en marbre d'une rareté excessive, connu sous le nom de brèches d'Alep. Ce sont les anciennes colonnes restaurées et remises à leur place.

La salle des Fêtes date, comme la salle Saint-Jean de 1823. Elle fut construite sur le terrain de l'église Saint-Jean, pour donner une fête au duc d'Angoulême, lorsqu'il revenait de son expédition en Espagne. D'abord provisoire, elle fut reconstruite lors de l'agrandissement de l'Hôtel de Ville.

Elle mesure cinquante mètres de longueur sur dix-sept de large. Ses quatre bases sont fermées par des arcs en plein cintre. Elle est entourée par une galerie, dont la partie qui borde la rue Lobau possède des voûtes en pendentifs sphériques d'un effet très remarquable.

On a également vue sur cette salle par une autre galerie, située à la hauteur du second étage, touchant le plafond et qui s'ouvre sur elle, par des arcatures simples. Le plafond, est un vaste berceau cylindrique, creusé en arc de cloître, avec pénétrations.

Un peintre de talent, M. Lavastre, décorateur de l'Opéra, auteur des plafonds de l'Opéra-Comique et du Palais-Royal, a été chargé de la décoration de celui-ci, et le dessin provisoire qu'il a créé produit un effet merveilleux. La décoration commence à la galerie supérieure.

Chaque travée d'arcs est séparée par une statue, portant, sur une corbeille, le nom d'une des principales villes de France, auquel correspondent les armes de la même ville, dessinées dans la partie pénétrante de la voûte. La bordure du tableau est faite par des enfants, soutenant, deux à deux, un médaillon.

Le motif central, dominé par le cartouche de la Ville de Paris, placé aux deux extrémités de la salle, représente l'Industrie, la Science, la Paix, les Arts et le Commerce. Ces motifs, qui sont provisoirement dessinés sur des panneaux de peinture, appliqués sur du bois, seront, dans la suite, remplacés en partie par des moulures en relief que l'on peindra d'après l'esquisse actuelle.

Outre le salon des Cariatides, la salle des Fêtes est encore précédée par deux vestibules, situés de chaque côté sur l'arrivée des grands escaliers. Chacun d'eux donne sur une immense galerie, qui est continue autour de l'Hôtel de Ville, et qui en fait communiquer toutes les parties. Tous les appartements, placés au premier étage, donnent sur cette galerie, bâtie en pierre de taille, sur toute sa longueur, avec des plafonds ornés de rosaces. Sortant de la salle des Fêtes, si l'on suit cette galerie à gauche, on rencontre les salons de réception du préfet, situés dans la façade donnant sur le quai.

Ces salons, au nombre de trois, communiquent avec la salle des Fêtes au moyen d'une très belle salle à manger, formant l'angle de la rue Lobau et du quai. Pour arriver à ces salons, il n'est pas besoin de passer par la salle des Fêtes ; un escalier particulier à ce côté, dit escalier du Préfet, y conduit directement.

Cet escalier prend au rez-de-chaussée dans une galerie à voûtes d'arêtes rampantes, située à droite de la salle des Pas Perdus. Décoré au rez-de-chaussée de quatre cariatides, il monte au premier étage par quatre volées droites, avec des paliers de repos, pour arriver sur un grand palier, porté par un arc en pierre de l'Echaillon blanc, d'une extrême légèreté. Au pied de cet escalier, un peu en avant, à gauche, un autre conduit aux appartements privés du préfet, situés à l'entresol au-dessous des salons de réception. Arrivé sur le grand palier, on a donc devant soi la galerie du Préfet, parallèle à la façade sur le quai, sur laquelle donnent, comme nous venons de le dire, les salons de réception et la salle à manger; enfin, une galerie parallèle à la façade de l'Hôtel de Ville, allant du quai à la rue de Rivoli, et faisant communiquer les appartements du préfet avec les bureaux. Cette galerie donne, dans sa première partie, dans la cour du Préfet, laquelle est éclairée par huit fenêtres fermées en arcatures. Chacun de ces arcs à l'extérieur et à son sommet est décoré d'un médaillon avec un buste.

Ces bustes, du côté de l'Hôtel de Ville, sont ceux de Dufresny, auteur comique ; du poète Lemercier, l'archéologue Quatremère de Quincy, du musicien Berton, de Lebas, l'architecte, du peintre Guérin, du géomètre Cauchy et de La Condamine. Cette disposition n'est pas la même dans la partie parallèle de la galerie, qui est attenante à la rue Lobau. Cette partie est éclairée sur la cour par deux grandes fenêtres principales, séparées par une colonne avec pilastre, surmontées de deux médaillons, et flanquées de chaque côté par une niche creusée entre deux colonnes engagées. Samson et Mlle Mars garnissent les médaillons; Trudaine et Favart, Largillière et Patru habitent les niches de cette partie, dans la cour du Préfet.

Si l'on suit la galerie, parallèlement à la façade de l'Hôtel de Ville, on arrive à la salle du Conseil, située dans la partie cenrale au premier étage, de la façade Boccador. Cette salle est précédée d'un vestibule, qui sépare la galerie de la cour Louis XIV.

La salle du Conseil a 22 mètres de long sur 14 de large. Elle est éclairée, sur la place, par cinq fenêtres simples.

Son plafond, à compartiments et sophites soutenus par des consoles, est décorée de rosaces encadrées et de sculptures diverses, dont quelques unes présentent un cartouche aux armes de la ville, entouré de branches de laurier entrelacées. Aux deux extrémités de la salle se trouvent les tribunes destinées aux journalistes. Si l'on continue à suivre la galerie, on parvient au pavillon des bureaux, occupé tout entier par les employés de la Ville, et qui n'a rien de remarquable.

L'exposition de la galerie, sur la cour des bureaux, est la même que sur la cour du Préfet. Pouisot le mathématicien, le navigateur Duperré; l'architecte Percier, Brougniart, Lassus, Labrouste, architectes; Thouin, horticulteur et le peintre Coypel occupent les médaillons du coté ouest de la cour; Adam et le peintre Cogniet, Hofman et Charron au rez-de-chaussée, Legendre et Lemoine au premier étage, les médaillons et les niches du coté Est.

On revient ainsi, en suivant le côté de la galerie parallèle à la rue de Rivoli, à la salle des Fêtes, notre point de départ.

Le second étage n'a rien d'intéressant. On y arrive par les escaliers Henri II qui desservent tous les étages, en partant de la galerie inférieure. La bibliothèque est placée dans cette partie au-dessus de la salle des Fêtes. Outre tous ces escaliers, dont

nous avons parlé, on pénètre encore aux étages supérieurs
par deux autres escaliers tournants, logés dans une tourelle,
située dans l'angle interne le plus près de la rue Lobau, dans les
cours du Préfet et des Bureaux. En somme, l'Hôtel de Ville est
composée de cinq parties : la façade principale, contenant la
salle des Pas Perdus au rez-de-chaussée, et la salle du Conseil
au premier; le côté du quai, contenant les appartements parti-
culiers du Préfet à l'entresol, et les salons de réception au
premier étage; la façade de la rue Loban, ayant au rez-de-
chaussée la salle St-Jean, et la salle des Fêtes au dessus, les
bâtiments de la rue de Rivoli, occupés par les bureaux, qui
sont également logés dans tout le second étage du Palais, et
enfin les deux ailes qui enserrent la Cour Louis XIV. Ces cinq
parties forment trois cours, dont l'une, la cour Louis XIV, est
élevée de trois mètres au dessus du niveau des deux autres.

Nous disions, au commencement de cette description, que les
travaux n'étaient pas achevés.

Nous n'entendions pas parler de la maçonnerie, qui est
aujourd'hui presque entièrement terminée. On peut donc donner
approximativement le chiffre de revient de ce splendide monument : ce chiffre peut s'évaluer à 28 millions, dans lesquels la maçonnerie entre pour 13 millions.

Ce n'est pas trop payer, à notre avis, la gloire de posséder
un pareil monument, et la nécessité de cacher aux yeux des
étrangers des souvenirs de désordres que nous n'avons pas à
juger, mais qui ne pourraient qu'être défavorables à la bonne
opinion que l'Europe a *peut être* conservée du patriotisme des
Français.

Nous ne voulons pas terminer cette courte notice sur l'Hôtel
de Ville sans dire un mot de ceux qui, par leur talent, ont le
plus contribué à mener cette œuvre à bonne fin. A tout seigneur,

tout honneur. Elève de l'école des Beaux-Arts, inspecteur et architecte de l'église Sainte-Clotilde, grand prix de Rome en 1840, première médaille à l'Exposition des beaux arts en 1846, inspecteur de la ville en 1850, chevalier de la Légion d'honneur en 1857, puis architecte de la tour Saint-Jacques, des églises de la Trinité, de Saint-Germain-l'Auxerrois, de Saint-Ambroise, d'Argenteuil, de Saint-Joseph, officier de la Légion d'honneur en 1868, membre de l'Institut en 1872, et enfin inspecteur général de la première division, M. Ballue est un homme d'une haute capacité. Artiste avant tout, jusque dans l'âme admirateur zélé de l'élégant style de la Renaissance, épris de son art autant que peut l'être un homme qui le possède comme lui, l'architecte en chef de l'Hôtel de Ville, quoique gêné par le plan qui lui avait été moralement imposé, s'est montré aussi brillant que possible dans l'exécution de cette œuvre difficile. C'est le seul éloge que nous nous permettrons de lui faire. Il a été dignement secondé par un homme qui, quoique ayant eu une carrière plus modeste, n'en a peut-être pas moins de mérite. Nous avons nommé M. de Perthes, le sous-architecte de l'Hôtel de Ville. Conducteur des travaux de la ville de Rennes en 1850, deuxième prix d'architecture en 1867, architecte de la ville de Brest, médaille d'or à l'Exposition de Lyon en 1872, M. de Perthes, peut-être plus attentif aux détails et plus positivement pratique, a largement contribué à la bonne conduite des travaux.

Enfin, après la tête qui conçoit, le bras qui exécute.

Je connais trop personnellement M. Riffaud, l'entrepreneur actuel de l'Hôtel de Ville, pour pouvoir lui adresser tous les éloges que je pense de son caractère et de son intelligence. M. Riffaud est le type de cette race de Creusois, dont on honorait dernièrement l'énergie dans la personne d'un ouvrier, M. Maffrand. Je me contenterai de dire que, venu avec la seule force de son courage et de sa valeur intectuelle, M. Riffaud est aujourd'hui l'un des plus considérés entrepreneurs de Paris.

Je n'ai qu'un regret à exprimer, c'est que la modestie avec laquelle il m'a manifesté l'intention de ne pas être nommé, ne me permette pas d'adresser publiquement ici, à son associé, la même marque de sympathie.

Les décorations sont dues à M. Legrain, artiste connu et estimé.

Après avoir rendu hommage à ces hommes de talent, il ne nous reste plus qu'à souhaiter au nouvel Hôtel de Ville, de voir enfin se réaliser l'achèvement de la conquête des libertés municipales, grâce à l'union libérale de toutes les classes de la société, obtenue par la liberté du travail, par l'instruction et par une juste répartition des pouvoirs publics.

Nous n'avons enfin qu'à répéter la devise de la ville de Paris, dont cette inauguration prouve une fois de plus la vérité : « *Fluctuat nec mergitur.* »

H. LOMBARD.

Paris, le 1er juillet 1882.

Paris, imp. Paul Dupont, rue J.-J.-Rousseau, 41, 1687.7.82